ANTI-VOLKNA,

OU

NOTTES

D'UN

PUBLICISTE

SUR LE

SYSTEME

POLITIQUE-MILITAIRE

PRUSSIEN.

A LONDRES,

Chez *G. MEYER*,

MDCCLXII.

A V I S.

LEs ſuccès des Armes Britanniques, ſurtout dans le Nouveau Monde, dont les Poſſeſſions Françoiſes alloient être le Prix, par le Traité de Paix que la France ſollicitoit l'Eté dernier avec empreſſement, ne pouvoient qu'enfler les eſperances de notre Miniſtére, pour de plus grandes Conquêtes. En effet, il eſt de notorieté publique, que Mr. Pitt ne s'eſt demis de ſa Charge de Secretaire d'Etat, que parceque le reſte du Conſeil n'a pû ſe reſoudre à autoriſer ſon Projet, d'enlever à l'improviſte des Vaiſſeaux & des Poſſeſſions Eſpagnoles, ſous le Prétexte du Traité negocié derniérement entre les Cours de Madrid & de Verſailles; Traité qui ne pouvoit que lui faire plaiſir s'il avoit eu les vuës pacifiques, qu'il a affecté d'étaler dans tout le cours de ſa Negociation avec la France, dont les Actes viennent d'être rendus publics. Mais dans ces mêmes

mes Actes l'on voit, que la seule proposition de faire acceder S. M. le Roi d'Espagne à cette Paix, pour la rendre plus solide, a fait resoudre ce Ministre, à rompre la Negociation, quoique la proposition soit d'autant plus naturelle, que ce Monarque avoit déja été constitué Mediateur entre les Cours Belligerantes.

Il est donc constant que le Systême Politique Militaire Prussien a jetté de profondes racines en Angleterre, & que le flambeau de la Guerre n'ayant pû s'éteindre par les grands sacrifices que la France a voulu faire pour le bien de la Paix, l'incendie de la presente Guerre, menace de s'étendre encore plus loin qu'elle n'a été, si la voix du Peuple pour une Guerre avec l'Espagne, raméne Mr. Pitt au timon des Affaires, ou du moins si le Systême Politique Militaire Prussien continue de servir de pivôt à la conduite du Ministére.

NOT-

NOTTES
SUR LE
SYSTEME PRUSSIEN.

LEs bruits d'ue paix prochaine s'étoient tellement acrédités, malgré leur absurdité, & on les avoit reçus avec tant de confiance, qu'on traitoit d'ennemis de la joie publique ceux qui osoient s'élever contre l'erreur. L'illusion n'étoit point de celles qui demandent, & à qui on accorde de la complaisance, parceque la consolation qu'elles donnent n'a point de fâcheux retours ; celle-ci étoit un double piége tendu aux Peuples. En Angleterre, où les Ministres montroient les deux Rois disposés à la réconciliation, le Peuple devoit s'exciter à de nouveaux efforts, qu'on lui disoit seuls capables de rendre les autres Puissances accessibles aux offres de Leurs Majestés Britannique & Prussienne. Dans les Etats en défensive contre les deux Rois, & leurs Alliés, les Peuples excités à attribuer à l'opiniâtreté de leurs Souverains la continuation de la guerre, pouvoient se prendre de dégoût & de lassitude, & se prêter à regret à des efforts ultérieurs. La perspective de la paix étoit ainsi présentée sous deux points de vûe tout-à-fait opposés. Peut-être l'artifice a-t-il été dévoilé trop-tard, ou combattu trop mollement. Le Souverain qui ne veut pas être absolu, se met à certains égards dans la dépendance de ses Sujets ; & souvent il est obligé de renoncer à leur procurer un bien-être réel, parce que leurs préjugés, ou les empêchent de le connoître, ou les font se rebuter des frais de l'acquisition. Le secours des préjugés est une des ressources sur lesquelles le Roi de Prusse a le plus compté ; & jamais Souverain ambitieux & conquérant n'entra dans sa carrière avec plus d'avantage que lui à cet égard.

Ce fut autant par goût que par politique, que Sa Majesté Prussienne adopta le Gouvernement Militaire établi par le Roi son Père. Le pouvoir arbitraire dont ce Gouvernement est le créateur & l'apui, dût flater un Prince qui avoit fait une étude particulière des hommes, & que l'adversité avoit sans doute disposé à être leur bienfaiteur : pour faire tout le bien qu'on veut, il faut pouvoir faire à peu-près tout le mal possible. A peine étoit-il sur le Trône, que l'occasion se présenta d'employer utilement ses troupes. Avoit-il formé dès-lors le grand projet d'être Legislateur, il lui convenoit d'arrondir ses possessions, d'agrandir ses Etats : de quelle étendue & de quelle solidité auroit été le travail du Législateur, si le pays auquel il vouloit donner des loix, n'avoit pas eu en soi toutes ses relations essentielles ? C'étoit un malheur que le prétexte de la prise d'armes & de la con-

conquête ne fut ni bon ni honnête. Mais la fortune le répara, ou le couvrit par le ſuccès; & la moitié de l'Europe aplaudit ſans exception à la politique qui avoit uni la Siléſie aux Etats de Brandebourg. Pendant les deux années qui ſuivirent l'acquiſition, le Monarque acheva de faire excuſer ce qu'elle avoit eu d'irrégulier. On le vit, le protecteur déclaré du génie & des talens, s'apliquer uniquement à introduire les Sciences & les Arts dans ſes Etats. Les Sçavans apellés & honorés à ſa Cour, publièrent ſes louanges, & eurent pour Echos tous ceux qui étoient leurs admirateurs, ou leurs jaloux. La promptitude avec laquelle S. M. Pruſſienne ſe rendit à ce glorieux perſonnage, fit oublier la conduite qu'Elle avoit tenue en 1744 & 1745. Le *Code Frideric*, & huit années d'aplication à l'adminiſtration intérieure, peignoient ce Prince à l'Europe entière ſous des traits pacifiques. Le Prince ambitieux, le Roi conquérant, n'étoient pas même ſoupçonnés par les Peuples, que toûjours l'extérieur ſéduit & perſuade. Ils voyoient au contraire un Roi Philoſophe, qui ſe faiſoit de tout des idées particulières, qui mépriſoit les préjugés, qui inſtruiſoit ſes ſujets à les mépriſer, qui ſembloit enfin s'être donné pour unique tâche de rompre les liens civils & religieux qui tenoient ſes Peuples en relation avec les autres Peuples, & de ſe faire en Europe un Etat iſolé de tous les autres. Cette conduite eſt préciſément l'opoſé de celle d'un Politique ambitieux, qui ſe propoſe

 de

de conquérir. Du temps des Romains où l'Univers plongé dans l'ignorance ſur l'Etre Suprême, faiſoit du culte une affaire de choix ou de caprice, une tolérance ſans bornes pouvoit rendre le joug du vainqueur moins odieux. Mais depuis que la Religion exiſte par la conviction, la tolérance ſur les diférens cultes ſe prend pour indiférence: celle-ci paroît produite par le mêpris, & elle s'attire la haine.

On auroit cru tout autre deſſein à S. M. Pruſſienne, plutôt que celui de devenir Conquérant. Ceux qui étoient à la tête des affaires, dans les divers Etats à qui les forces Pruſſiennes devoient donner de l'inquiétude, ne trouvoient aucune connexion entre l'attention conſtante du Monarque à former & à groſſir ſes armées, à fournir ſes arſenaux, à multiplier ſes magaſins, & cette hardieſſe preſque cinique qu'il permettoit aux Lettrés de ſa Cour, contre ce que les mœurs & la religion ont de plus reſpectable. Comme il n'étoit pas natûrel, que vû le pié où eſt maintenant l'Europe, un Roi de Pruſſe ſe promit de lui donner la loi par les armes, pluſieurs crûrent que le Militaire étoit pour ce Prince, ce qu'on l'avoit cru pour ſon prédéceſſeur, une affaire de goût, & abſolument ſans conſéquence pour tous ſes voiſins. Tout-à-coup S. M. Pruſſienne, renfermant au-dedans de ſes Etats ſes principes de tolérance religieuſe, ſe préſenta à la Diéte de l'Empire pour l'Avocat & le Champion de l'intolérance des Proteſtans. Alors il n'y eut plus d'emd'embarras ſur ſa conduite, plus d'obſcurité ſur ſes vûes. Peu d'hommes d'Etat ignoroient que le Roi Frédéric Guillaume, dans ſes dernières paroles à ſon auguſte Succeſſeur, lui avoit remontré l'utilité politique d'un extérieur religieux. Tous ſe reconnurent au moment d'une metamorphoſe, après laquelle le Conquérant ne tarderoit pas à ſe produire. Malheureuſement on ne s'étoit point attendu à ce changement. Autant qu'il étoit néceſſaire d'en inſtruire les peuples & de leur faire connoître qu'on vouloit abuſer du reſſort de la religion pour les diviſer, autant il y avoit à craindre d'irriter une Puiſſance, dont les coups pouvoient ſuivre immédiatement la menace. Les Cours que le péril touchoit de plus près, étoient perſuadées que le Roi de Pruſſe ne demandoit qu'un prétexte: elles mettoient du ſecret dans leurs préparatifs de défenſe; & la Cour de Dreſde, la plus intéreſſée de toutes à décréditer le titre que le Monarque ſe donnoit auprès des Proteſtans, étoit ſi éloignée de riſquer une accuſation publique dont il ſe feroit tenu offenſé, qu'elle n'ôſa même avoüer à ſes anciens Alliés, qu'elle pouvoit avoir beſoin de leur ſecours contre lui.

L'expérience de tous les ſiécles a mis en fait, que le peuple paſſe aiſément d'un Extrême à l'autre. Mais les obſervateurs ont oublié de noter, que cette inconſtance n'eſt que dans le cœur; & que l'opiniâtreté caractériſe au contraire l'eſprit du peuple: On l'a vu ſouvent prompt à haïr ce qu'il avoit aimé,

& à faire l'objet de sa pitié de l'objet de son horreur ; mais il est rare qu'il ait ravalé ce qu'il révéroit, méprisé ce qu'il avoit admiré, car il retient aussi fortement les premières impressions, qu'il conserve peu les premières affections : ses préjugés de la première espéce, cédent à peine aux traits redoublés de la plus grande évidence. Tant de panégiriques qui n'avoient point été contestés, l'avoient accoûtumé à voir dans S M. Prussienne l'ami du genre humain. Lorsque ce Monarque tombant à l'improviste sur la Saxe, & déclarant la guerre à l'Impératrice-Reine, publia qu'il ne faisoit que prévenir une conspiration formée contre la Religion Protestante, & contre la Puissance Prussienne protectrice de cette Communion : le ton de cette déclaration, la hardiesse avec laquelle ses prétendues preuves furent présentées, affectèrent diversement les peuples, en conformité de leurs préventions ; à l'exception d'un très-petit nombre d'hommes, que les livres ou les voyages ont instruits, tout le monde s'en laissa imposer sur la nature de cette guerre & sur ses suites possibles. Partout on ignora, ou l'on méconnut, le caractère de la Puissance Prussienne & les vues du Roi de Prusse. Dans les Etats où domine la religion dont il se donnoit pour le protecteur, on écouta à regret un autre intérêt. Dans les pays, où le zèle religieux ne fait point un préjugé en faveur de S. M. Prussienne, & où à cause de l'éloignement, la réputation du Monarque s'est plus répandue que la connoissance de sa

Mo-

Monarchie, on prit une trop haute idée du génie ce celui-la, & on ne reçut pas la juste idée des forces de celle-ci. Là on a espéré beaucoup, & on n'a rien apréhendé; Ici on n'a eu ni craintes ni espérances. Dans la plus grande partie des Etats Protestans, on s'est promis des victoires du Roi de Prusse le triomphe de la Religion Protestante, & on n'a voulu rien voir au-delà. Peu s'en faut que l'on n'ait cru ailleurs, que les Souverains sont les seuls intéressés à la présente guerre: qu'une pure jalousie les arme contre une nouvelle Puissance; & que le Roi de Prusse faisant, pour ainsi dire, assaut de gloire militaire avec ses pareils, il donne seulement un spectacle, dont quel qu'en soit le denoûement, il ne sçauroit rien résulter de plus fâcheux pour les peuples, que d'en avoir payé les fraix. Ceux-là font la guerre avec passion, parce qu'ils s'imaginent voir dans ses succès la récompense de ses maux: ceux-ci murmurent contre la durée de la guerre, parce qu'ils n'en connoissent que les charges sans en sentir les périls. Les uns & les autres également dans l'erreur, font des vœux tout-à-fait diférens, qui sont pareillement contraires à la tranquillité & à la liberté publique. Souhaiter la prospérité des armes Prussiennes, c'est s'offrir à la servitude, & courir au devant d'un joug inconnu à l'Europe. Souhaiter un accommodement entre les Puissances, pendant que la fortune des armes Britanniques, joint de nouveaux ressentimens à leurs premiers motifs: c'est deman-

demander la prolongation des plus fâcheux effets de la guerre, sous le masque de la paix ; c'est renoncer à retirer aucun fruit de tant de sang répandu, & vouloir que l'Europe dévastée par tant de meurtres & de ravages ne jouisse que d'une courte trêve, & que la guerre recommence bientôt avec plus de fureur.

Le Roi, les Peuples, & la Puissance de Prusse, sont un composé dont les générations précédentes n'ont point eu d'idée. On doit en croire Sa Majesté Prussienne elle-même. *Le Gouvernement tout Militaire*, dit le Monarque Historien, au Tome II. de ses élégans Mémoires de Brandebourg, pages 155 & 156, *a influé dans les mœurs ; nous ne ressemblons plus ni à nos Ancêtres, ni à nos Voisins, &c.*

Le Gouvernement *tout Militaire* de la Prusse a pris la férocité de ceux de Sparte & de Rome, estimés militaires par la plûpart des Politiques, sans avoir adopté les institutions qui tempéroient cette férocité. A Lacédémone, toutes les Loix tendoient à faire illusion à l'homme sur son esclavage : l'égalité Républiquaine y avoit pour lui les mêmes charmes que la liberté, dont il n'avoit point de notions; & il la prenoit pour elle. L'humiliation est le plus grand mal de la servitude : on ne sent point le joug dont on n'est pas plus foulé que ceux qu'on croit nés pour en être exempts. Les loix militaires étoient rigoureuses à Sparte, mais précises, & en très-petit nombre ; & elles dormoient,

pour

pour ainſi dire, pendant la paix. Les loix civiles au contraire étoient multipliées à l'infini : elles avoient une activité perpétuelle; & elles deſcendoient juſques dans les plus petits détails, afin de ne perdre aucun des objets propres à faire diverſion à la triſte ſévérité des premières, & afin d'adoucir la rudeſſe de l'eſprit guerrier par tout ce qui pouvoit nourrir & fortifier l'eſprit de ſociété. Malheureux au jugement de tous ſes voiſins, qui ne voyoient en lui qu'un Forçat, le Spartiate s'eſtimoit heureux ſous une forme de gouvernement, dont la ſingularité flatoit ſon orgueil, & qui dérivoit de ſes mœurs au-lieu de dominer ſur elles. Avant que de captiver les déſirs, le Légiſlateur avoit réduit & borné les beſoins. L'ambition de dominer à laquelle on s'immoloit, étoit une paſſion de la République; & le dernier des ſoldats jouiſſoit de cette fauſſe gloire, avec autant de plénitude que le premier des Généraux. Véritablement eſclave, le Spartiate l'étoit par habitude & par goût, & ne pouvoit s'aperçevoir qu'il le fût; parcequ'il ne voyoit aucun homme plus libre que lui dans ſa patrie. En Pruſſe, c'eſt le Gouvernement *tout Militaire* qui a plié les mœurs à ſes principes; & le petit nombre de loix civiles qu'il a dictées, porte l'empreinte de ſon injuſtice. Le Chef eſt un Deſpote, dont la volonté eſt la loi ſuprême pour tout le Peuple. L'eſclavage des ſujets, bien loin de leur être déguiſé, eſt groſſi aux yeux de tous par les gradations les plus choquantes. Le Roi qui im-

imposa le joug, l'apésantit à son gré sur qui bon lui semble, & ne laisse point envisager d'autre motif de résignation ou d'encouragement, que la crainte des châtimens dont il puniroit l'indocilité: tout est rappellé à ses passions; & il ne considère les hommes, que relativement au service qu'il exige d'eux. Licurgue fit recevoir ses loix, en persuadant aux Spartiates, que leur indépendance des autres Peuples de la Gréce seroit le fruit de leur fidélité à les observer: Il leur présentoit du moins une récompense; & ce n'étoit plus une récompense chimerique, dès qu'il fut parvenu à former un intérêt national de tous les intérêts particuliers confondus & anéantis. Le Prussien a pour toute consolation, l'espérance de s'associer des étrangers qui partageront son esclavage & ses misères, & qui seront malheureux comme lui, avec lui. Il sent que le Gouvernement Militaire peut rendre ses Rois plus riches, plus puissans, plus redoutés; mais il ne voit ni bornes à leurs desirs, ni terme au devoir qu'ils lui imposent de se sacrifier à leur ambition.

Rome en son enfance fut toute guerrière. Ses Fondateurs étoient des Brigands, las du brigandage & de la vie errante, qui voulant se fixer, & former un Peuple, cherchèrent plûtôt à ramasser des Compagnons, qu'à conquérir: Ils firent la guerre pour la composition & l'existence de leur Société. Sous le second de ses Rois, Rome eut une forme de gouvernement tout-à-fait pacifique. Mais Tullus son troisième Roi, fut un Prince ambitieux

bitieux & guerrier, qui eut honte de régner ſur un peuple ſi peu nombreux, & dans un territoire de ſi petite étendue. De gré ou de force, il étendit ſa domination; mais évitant d'altérer les inſtitutions de Numa, il fit de ſa paſſion de conquérir un intérêt général pour tous ſes Sujets. Juſqu'à la révolution, Rome fut une Monarchie de l'eſpéce ordinaire, plus ou moins bien réglée ſelon le plus ou moins de génie & de talens de ſes Rois. Lorſqu'elle fut en République; ſon Gouvernement fut tout-à-fait civil, & même il le devint à l'excès: ce qui y jetta le déſordre & la confuſion. Les Chefs, incapables d'accorder par de bonnes loix les deux ordres de la République aigris l'un contre l'autre, ne virent point d'autre moyen pour étouffer les effets de la diſcorde, que de diſtraire & d'occuper au-dehors, un peuple qu'ils ne pouvoient contenir au-dedans. Ils lui inſpirèrent l'ambition des conquêtes, & le prirent autant par l'eſpérance du butin que par l'orgueil de dominer. Alors il fallut bien tourner du côté de la guerre une partie des anciennes inſtitutions, ou en établir de nouvelles, convenables à cette nouvelle manière d'exiſter Le Gouvernement devint militaire: mais ce fut ſur un tout autre pié qu'à Sparte. Les Spartiates ſe promettoient de leur diſcipline le repos & l'indépendance de la République. Rome ne ſe propoſa que de tenir perpétuellement ſon peuple en action. Ceux-là ſe ſubjugoient eux-mêmes pour ſe dérober conſtamment au joug étranger; celle-ci vouloit combattre ſans ceſſe au-dehors, pour ſe procurer la paix au-dedans. Sparte ne traitoit en ennemis que ſes Citoyens: Rome déclaroit la guerre à tous les peuples de l'univers qu'elle pourroit atteindre. L'une n'étoit que Militaire, l'autre étoit Politique Militaire & s'affichoit pour Conquérante. Toutes deux répandoient également le bien & le mal ſur toute la République.

Le Gouvernement Pruſſien, *tout Militaire*, a rëüni les principaux traits de Sparte & de Rome, ſans avoir leurs beſoins, ſans admettre leurs exceptions. Le goût du feu Roi de Pruſſe pour l'argent & pour le deſpotiſme, a chargé ſes ſujets du joug & de la pauvreté des Spartiates; l'ambition du Roi régnant a donné à la Puiſſance Pruſſienne le caractériſtique envahiſſeur de la Puiſſance Romaine: L'un & l'autre ſont maintenant inhérens à la conſtitution de la monarchie; le dernier détruit tout ce qui pouvoit faire excuſer l'autre, & un Roi de Pruſſe eſt devenu l'ennemi de ſon peuple, & de tous les peuples qu'il peut aprocher.

Cette Puiſſance *toute Militaire* doit toûjours opprimer & conquérir, parce qu'elle eſt toûjours armée, & ne peut armer que des Forçats, vû que le Deſpote a lui ſeul intérêt à la guerre & aux conquêtes. Semblable à ces plantes gourmandes, que la trop grande abondance de leurs ſels oblige à dérober le ſuc nourriſſier des plantes qui les avoiſinent, cette Puiſſance ne peut ſubſiſter qu'en donnant continuellement de nouveaux

pays

pays à dévorer à ſes ſoldats trop nombreux. Peut-être n'auroit-on à craindre de ſa part que des incurſions, ſi elle pouvoit, comme un végétable, remplacer par de nouveaux jets, la chute ou le dépériſſement de ſes rameaux. Mais elle ſe donna trop tôt cette conſtitution, qui mit tout-à-coup ſes Armées hors de proportion avec les autres claſſes de ſon Peuple. Elle entama irréparablement ſon propre fond de population; & ſon pays ſe refuſe à cette réproduction continuelle d'hommes, qui ſeroit néceſſaire pour ſes recrues. Il faut que par achat, par artifice, ou par violence, elle ſubvienne à l'entretien de ſes troupes. Il faut qu'elle butine, vainque, & ſubjugue. La marche des Romains doit être la ſienne. Peut-être Sa Majeſté Pruſſienne auroit-elle avancé auſſi ſûrement qu'eux vers le même but, ſi n'enviant pas à ſes ſucceſſeurs le funeſte honneur de déclarer la guerre à la meilleure partie de l'Europe, Elle s'étoit tenue dans la politique inaction du Roi ſon Père, juſqu'à l'entier affermiſſement de ſon Gouvernement *tout Militaire.*

L'Auteur de l'*Eſprit des Loix* devinoit ſans-doute la Puiſſance Pruſſienne, lorſqu'il poſoit en fait, qu'un Etat entiérement tourné au militaire, eſt ſûr de tout mettre ſous ſon joug, s'il entame ſes opérations avec la réſolution priſe de ne ſe laiſſer, ni arrêter dans ſa courſe, ni détourner de ſon but, par les événemens. Mais ce Politique hardi la conſidéroit à ſon point de perfection &

de maturité, tandis qu'elle étoit en ſon enfance; & donnant, à ſon ordinaire, pour des principes généraux les inductions qu'il tire de quelques traits frapans de reſſemblance entre pluſieurs Etats, il a aſſigné à la Puiſſance de Pruſſe le même ſort qu'à la Puiſſance de Rome. Le Roi de Pruſſe a certainement pris les Romains pour modéle: Mais il a manqué ce modéle dès ſes premiers pas; & il s'eſt abandonné dans la même carrière qu'eux, avant que d'avoir les mêmes avantages. Les Romains étoient environnés d'une multitude d'Etats, de force & d'étendue inégales, diviſés entr'eux par l'émulation, la jalouſie & la haine; Ils pouvoient compter que la ruine de l'un étant un ſpectacle agréable pour un autre, ils trouveroient autant d'Auxiliaires & d'Alliés qu'ils ſe feroient d'ennemis; D'ailleurs les correſpondances entre les Etats étoient extrêmement bornées, ceux qui n'étoient pas contigus avoient à-peine entr'eux quelque relation; les terres ſituées au de-là de l'Arno étoient, pour ainſi dire, les terres Auſtrales pour ceux qui habitoient aux bords du Tibre. Rome étoit certaine d'avoir affermi ſa domination ſur tous les petits Etats de ſon voiſinage, avant que les Etats capables de s'opoſer à ſon ambition & à ſa puiſſance naiſſantes, fuſſent inſtruites qu'il leur importoit d'en arrêter le cours. Enfin Rome avoit ſur tout ce qui l'environnoit une ſupériorité décidée, au moyen de laquelle il étoit inévi-

inévitable qu'entraînant tout ce qui seroit en son chemin, elle se porteroit un jour sur les Etats plus éloignés & plus considérables, avec une masse de forces suffisante pour les accabler.

Voilà ce qui a manqué au Roi de Prusse, & ce qui met entre la Puissance Prussienne & la Puissance Romaine une différence, que jamais la conformité des principes, & des vües, ne pourra corriger. C'est envain que le Monarque a espéré que la surprise supléeroit au défaut de la désunion, sur laquelle il devoit projetter. Il n'a fait que rendre l'allarme, & plus prompte & plus forte chez les grandes Puissances, auxquelles il ne devoit marcher, qu'après avoir gagné ou subjugué les Puissances intermédiaires. On lui passera d'avoir espéré d'écraser la Puissance Autrichienne, qu'il désespéroit de mettre en défaut. Mais il ne se justifiera point devant les Politiques éclairés, d'avoir pensé que la France, la Russie, & les autres Puissances, ne seroient, ni réveillées, ni inquiétées par ses premiers coups. Il devoit connoître le Roi Electeur de Saxe, comme il connoissoit ses liaisons d'affinité avec les principaux Souverains. Il s'est fait illusion sur la façon de penser de ce Prince; & de-là sont venus les périls, là s'est trouvé l'écueil de l'Ambition & de la Puissance Prussienne.

Sous le feu Roi Frederic Guillaume, la Prusse étoit, rélativement aux forces & à l'harmonie de l'Europe, au même degré à peu prés de petiteſſe que Rome en ſon enfance. Des deux voyes par leſquelles un petit Etat peut ſe donner un Militaire, qui ſorte de propotion, ce Prince dût choiſir la pire : parce que ſon Deſpotiſme ne lui permettoit point d'attirer à ſoi les Etrangers par l'apât de la licence & de la liberté ; il ſeroit devenu bien autrement puiſſant en beaucoup moins de temps par ce dernier moyen.

Les Puiſſances étoient fatiguées, épuiſées, par la guerre que les Traités d'Utrecht, de Baden & de Stockholm, avoient terminée. Elles ſe feroient diſſimulé un danger éloigné, pour ne pas s'arracher à un repos dont elles avoient beſoin. Ainſi que le Pays des Rois Romains, ainſi que celui des Coſaques au ſiécle paſſé, les Etats Pruſſiens ſe feroient remplis d'hommes de toutes les Nations qui feroient venus volontairement ſe mettre ſous les loix du Prince. Peut-être que les Payſans de la Pologne & de la Bohéme, certains d'être élevés à la dignité d'homme libre & de citoyen, feroient accourus groſſir ſon peuple. Mais eſclavage pour eſclavage, ils préférèrent celui auquel ils étoient accoûtumés, & où la ſervitude eſt tempérée par la religion & l'humanité. Le Roi fut obligé d'acheter les hommes, qui ſe donnoient aux Romains, & de faire des ſoldats de tous ceux dont Rome auroit fait des chefs de famille. L'armée qu'il laiſſa à ſon ſucceſſeur, étoit un corps délicat qu'il falloit éloigner du choc, parce qu'il n'y avoit point dans

l'Etat

l'Etat de quoi le réparer s'il étoit entamé. La conquête de la Siléfie pouroit être comparée à la conquête d'Albe par Tullus. L'acroiffement étoit à tous égards également avantageux, fi on excepte qu'il y avoit un Tiers mécontent de l'acquifition; & c'étoit un motif de plus pour s'apliquer uniquement à la joindre, à la cimenter avec la maffe. Pendant plufieurs régnes, & le fiécle qui les fuivit, Rome n'eut que des démêlés & des difputes avec fes voifins.

Il ne faut pas donner dans le travers des Politiques fpéculatifs, & attribuer à Rome une Politique qu'elle n'eut pas. Tout fe réduit à des faits dont la bonne fortune de la République forma les liaifons, & qu'il plaît aux modernes de combiner pour en faire un fiftême. Jusqu'au moment que la République Romaine, enhardie par fes premiers fuccès, fe donna pour conquérante, elle marcha au hazard & à l'aveugle. Sa marche n'eft méthodique à nos yeux, que parceque nous l'examinons d'après les événemens, qu'il plût à la Providence de diriger conftamment vers un même but.

La Puiffance Pruffienne, à en juger fiftématiquement, étoit après l'union de la Siléfie, au même point que Rome après celle d'Albe. Il lui convenoit de couver fes forces, d'acoutumer fes voifins à les voir fans les craindre, & de ne paroître occupée que de fa confervation. Elle pouvoit confidérer les Etats Germaniques dont elle eft environronnée, comme Rome considera les Etats qui la pressoient de tous côtés, distinguer ceux qu'elle pouvoit vaincre ou gagner, & ceux qu'elle devoit envahir ou détruire. La Saxe ressembloit assez à ce Pays des Sabins toujours foibles, toujours battus, & jamais dociles. Ce n'étoit pas assez d'être en forces à l'accabler; il falloit amener ses Voisins ou ses Alliés à être sans intérêt sur elle, ou à n'y en avoir que pour concourir à sa destruction. Sans peut-être y avoir pensé, Rome se trouva dans cette position vis-à-vis des Sabins, lorsqu'elle frapa sur eux ses derniers coups.

La constitution de l'Europe, bien différente de celle de l'Italie dans l'enfance de Rome, ne permettant point au Roi de Prusse de se faire des Alliés par les Armes, comme firent les Romains avec la plûpart des Latins, le Monarque a substitué à cette méthode violente tout ce que le génie & les circonstances présentes lui pouvoient fournir. Il a attaché à ses intérêts, la Maison de Brunswic par des affinités redoublées, la Maison de Cassel par des espérances d'agrandissement, la Maison de Hannovre par une ambition commune. Il avoit donné une épouse de sa famille au Roi de Suéde, au Duc de Wurtemberg. Il comptoit s'être assuré du Duc de Mecklenbourg par la crainte, avoir soumis à son ascendant les Princes d'Anhalt. Il se promettoit de régner en Pologne par les factions & la jalousie des Grands, de con-

tenir

tenir au moins le Roi de Dannemarc par son goût connu pour la paix, de mettre le Sénat de Suéde en défaut par des divisions intestines, de braver la Russie à l'aide de la distance, & de tromper la France en lui rappellant de vieux intérêts. On n'oseroit assurer que S. M. Prussienne ait pensé, que ces dispositions lui ouvroient & lui applanissoient la carriére fournie par les Romains; mais il est de fait qu'il y est entré de la même manière qu'eux. Pour être le maître des pays qui l'environnent, il ne falloit que mettre la Saxe sous son joug: il s'y présenta à la Romaine à la tête de ses Troupes; & du ton de cette République conquérante, il signifia au Roi Electeur qu'il falloit le combattre, ou joindre ses Drapeaux aux siens.

C'est là le trait de l'Histoire de nos jours le plus favorable aux Panégyristes de la Politique Prussienne. Un mot du Souverain de la Saxe donnoit au Roi de Prusse cette supériorité nécessaire pour le rôle qu'il prenoit; & en aplanissant la marche des Armées Prussiennes vers les Puissances capables de leur faire tête, ce mot les portoit tout-à-coup à leur destination. Quoi de plus sçavant & de plus exact, *disent-ils*, qu'une combinaison, à la perfection de laquelle il ne manque qu'un mot? Où trouver plus de justesse politique que dans un plan, où tous les obstacles à l'acquisition du réel de la Monarchie universelle en Europe sont rapellés & réduits à la *rénitence* d'un seul Etat contigu, désarmé, enfin absolument hors d'état de soûtenir son refus?

Il est vrai que cette association du Roi, Electeur de Saxe, soit volontaire, soit forcée, étoit un coup decisif. Mais c'est précisément parce qu'elle étoit un préliminaire essentiel, qu'il étoit moins prudent d'agir d'après sa suposition. Lorsque S. M. Prussienne désespera de réduire le Souverain, Elle entreprit de conquérir le pays. Cette conquête qui devoit être rapide, traîna en longueur; & le Monarque irrité s'en vengea en déployant sur ce malheureux pays tous les fléaux de la guerre & de l'opression. Cette vengeance le fit haïr, tandis qu'il falloit uniquement se faire redouter. La Puissance Prussienne qui devoit se répandre comme un torrent, ayant éprouvé comme une Puissance commune le flux & le reflux de la fortune des armes, son Chef dût regretter de s'être fait connoître. Son rôle étant manqué, il ne pouvoit rien lui arriver de plus heureux que la permission de se retirer; & peut être que le conflict des préjugés où l'Europe étoit encore à son sujet, la lui auroit fait obtenir, s'il avoit moins laissé apercevoir qu'il ne se retireroit que pour revenir un jour mieux préparé, & plus certain de réussir, reprendre le même personnage dans des conjonctures plus favorables. Souvent les Romains ont été obligés de céder; & malgré leur résolution prise de ne se laisser ni arrêter dans leur course, ni détourner de leur

leur but, par les événemens, il leur a fallu reculer. Mais ils s'étoient réſervé quelque reſſource dans la crédulité des ennemis qu'ils vouloient endormir. Ou le prétexte de la guerre jettoit une teinte d'équité ſur leur priſe d'armes; ou bien ils s'étoient montrés généreux dans leurs opérations; & le génie envahiſſeur maſqué par des vertus de détail, étoit caché à ceux qui auroient eu la force & le courage de combattre juſqu'à l'extrêmité pour s'y dérober. Hiéron, Philipe, les Grecs Achéens, Antiochus, Mitridate, traitérent avec Rome, après s'être épouvés contr'elle. Les uns crurent qu'elle leur donnoit la paix de bonne foi. Les autres trop prévenus de leurs forces & de leur habileté, ſe flatèrent peut-être, que l'occaſion reviendroit auſſi favorable pour eux que pour leur ennemi. Tous ſe ſeroient également refuſés au traité, ſi Rome auſſi indiſcréte que Pirrhus, n'y avoit fait enviſager qu'une trêve, & le beſoin de reprendre haleine.

La réponſe des Romains à ce Prince conquérant étoit raiſonnée d'après ce principe. La République n'avoit point encore alors ſes vûes de conquêtes, ni ſon Gouvernement Militaire. Elle étoit ſur la défenſive. Elle avoit perdu deux Batailles; & Pirrhus affoibli par ſes victoires ne lui demandoit, pour ainſi dire, rien autre choſe que de lui laiſſer faire ſa retraite ſans honte. Ce fut envain que l'éloquent Cyneas mit en opoſition dans le Sénat de Rome, les avantages d'une prompte paix, & les périls d'une plus longue guerre contre un Prince guerrier, déterminé à vaincre ou à périr, & presque sûr du premier. Ces hommes sans ambition & presque sans talens, de qui le sens commun faisoit toute la science, connûrent qu'ils se perdoient s'ils laissoient respirer un pareil ennemi ; & que l'unique voye pour se procurer une paix solide & durable, étoit d'ôter à Pirrhus & à ses successeurs le desir & les moyens de revenir.

Le Roi d'Epire, au moment qu'il recherchoit les Romains d'accommodement, projettoit de nouvelles expéditions, & fondoit sur leur succès l'espérance de revenir contre Rome avec un plus grand apareil. Le Roi de Prusse, dans le tems où il paroît souhaiter la paix de l'Europe, ranime ses principes *tout Militaires*, & sa haine politique. Il dispose tout pour une Reprise plus *grosse*, & plus funeste à l'Europe que sa première Partie.

Dans les preliminaires impérieux, d'une paix insidieuse où les Cours de Londres & de Berlin donnent pour des traits mémorables de la magnanimité Brittannique & Prussienne, que les deux Rois daignent offrir l'oubli du passé, que le Roi d'Angleterre consente à vendre trop cher la Paix aux François, que le Roi de Prusse ne demande rien de plus que la restitution & la garantie de toutes

toutes ſes poſſeſſions, &c. Qui ne croiroit que les deux Puiſſances bravées, provoquées, attaquées par des ennemis jaloux & ambitieux, auroient à demander d'eux des ſatisfactions, & ſeroient parvenues à force de victoires à les pouvoir exiger ? Il n'eſt rien dit de leur concert pour une double ſurpriſe, qui dans l'ordre commun de la ſociété, ſeroit déférée comme un crime devant les Tribunaux civils. Il n'eſt fait aucune mention de tant d'inſultes & d'outrages faits à la Souveraineté, & à une Maiſon Souveraine, en qui l'Europe preſqu'entiere aime à reconnoître la Souche commune de ſes Princes. On ne parle point de tant de milliers d'hommes enlevés de force pour les Armées & les Provinces Pruſſiennes, de tant d'or & d'argent extorqué, de tant d'effets prétieux enlevés dans les Pays où les Troupes de Pruſſe ont pénétré, de tant de pillages méthodiques qui ont mis dans les coffres & ſur le compte du Monarque la licence & la rapacité du Soldat, de tant de Villes bouleverſées, détruites, ou déſertées, de tant de fabriques ruinées ou tranſportées, de tant d'édifices démolis pour le barbare plaiſir de démolir, de tant de terres dégradées, de tant de forêts gâtées, vendues, dénaturées, &c.

Les Pays que leur opulence & leur peuple nombreux mettoient en état d'arrêter la Puiſſance Pruſſienne ſur ſes frontiéres, en attendant le ſecours, ont entiérement changé de face.

face. Ce ne ſont plus que des Déſerts, qui lui feront rempart, & à travers leſquels elle poura ſe porter, avec cette célérité qui lui a manqué cette fois, ſur les Puiſſances Protectrices de la liberté générale. Bien-loin de préſenter à l'Allemagne une convention, une ſauvegarde, contre ces enrôlemens forcés qui violent toutes les loix reçues entre les Souverains, qui outragent l'humanité, & feroient ſeuls le juſte motif d'une haine éternelle : le Roi de Pruſſe, au moment qu'il paroît ſouhaiter la paix, fait apeſantir, & *propager*, autant qu'il eſt en lui, ce monſtrueux eſclavage. Il ſe trouveroit après la paix avec des armées plus nombreuſes qu'avant la guerre. Le nombre de ſes ſoldats, celui de ſes ſujets, feroient augmentés par la dévaſtation des pays voiſins dont le bien-être lui faiſoit ombrage. Sa puiſſance plus haïe, plus déteſtée que jamais, dans ces Etats qu'il a apauvris, pour s'enrichir de leurs pertes, attendroit-elle long-temps que des plaintes & des reproches, dictés par le reſſentiment, lui donnaſſent un prétexte, ou une raiſon, pour s'en faire reſpecter?

Le grief de l'Europe à la charge du Roi de Pruſſe n'eſt point un grief perſonnel. De même qu'on admire le génie ſingulier de Frédéric Guillaume, créateur du Gouvernement le plus funeſte à la tranquilité & à la liberté publique, on admire le puiſſant génie du Prince, qui ayant voulu ſe ſignaler ſur une inſtitution auſſi contraire aux notions de la bien-

bienfaiſance & de l'humanité, a ſçu lui donner tout l'éclat & toute la ſolidité que l'eſprit humain pouvoit lui procurer. C'eſt la Puiſſance Pruſſienne que l'Europe entiére craint & deteſte. Plus S. M. a travaillé heureuſement à perpétuer *le Gouvernement tout Militaire* qui fait le malheur de ſes ſujets; plus les peuples de l'Allemagne en apréhendent la contagion; plus les Souverains péres de leurs ſujets en ſouhaitent l'anéantiſſement. Si les uns & les autres avoient pu eſpérer que la Macédoine rentreroit dans l'ordre en perdant ſon Alexandre, peut-être que laiſſant le Météore ſe conſumer de lui-même, ils ſe borneroient à le reſſerrer dans ſa ſphére. Mais S. M. Pruſſienne en veut & à la génération préſente, & aux générations futures. Les Princes ſes Neveux, les Princes ſes Fréres, tous les Princes de ſa Maiſon qui ſont dans ſes Etats, ſont formés, ou ſe forment dans ſes principes. Ce ſont des Soldats, ou des Capitaines; & de tous les traits qu'on cherche dans les hommes de ce haut rang, on ne voit en eux que les traits du guerrier. Le régime, les alimens, les habits, tout ſent le Militaire élevé à mépriſer les commodités & les agrémens de la vie. Les divertiſſemens mêmes n'ont rien qui délecte, s'ils ne ſont au moins une image de la guerre: Une Revûe nombreuſe, une Parade où les Majors auront fait preuve de la bonté de leur coup d'œil & de la force de leur bras, ſont les ſpectacles les

plus

plus goutés. L'eſprit eſt cultivé, orné ... A quel degré ne doit-il pas s'être éxalté, pour conſumer cette victorieuſe bienveillance qu'ont tous les hommes, & que la divine Providence donne ſpécialement aux Princes, pour le genre humain ? S'il en devoit être du Gouvernement Pruſſien ainſi que des autres inſtitutions politiques, dont la marche toujours lente vers leur perfection & leur période, eſt une progreſſion continuelle, & conſtamment dirigée ſur leurs premiers principes: il faudroit s'attendre, pour les générations qui ſuivront celle-ci, à des prodiges de Deſpotiſme & de patience, inconnus aux ſiécles les plus barbares.

NOTTE SUR LE SYSTEME DE MR. G. PITT.

DEja le Miniſtére Brittannique avoit pour les affaires du déhors la même politique que la Cour de Berlin : Sans égard pour le bien-être des autres Etats, il travailloit à ſe mettre audeſſus de leur reſſentiment. Il avoit changé en Décembre 1756. Mr. Pitt étoit à la tête du Gouvernement, & en avoit mis les principaux emplois entre les mains de de ſes amis & de ſes parens. Ce Miniſtre connoiſſoit les forces de ſon Pays, & les préjugés de ſes Compatriores: au lieu d'être gêné comme ſes prédéceſſeurs, ſur l'uſage des uns & des autres, par des engagemens avec la Cour, il trouvoit une ſatisfaction particuliére à s'aider de ces préjugés pour mettre toutes les forces du Royaume en action. Ses eſpérances ſe fondoient ſur l'animoſité du Peuple; & il ſentoit que pour la porter à ſon plus haut point, il falloit le fixer à ce ſeul ſentiment. La haine invéterée contre la France ſuffiſoit ſans doute pour enflammer les eſprits. Mais la paſſion devoit être nourrie par l'apât du butin; & ce butin étoit au-deſſous du médiocre, ſi les Puiſſances Neutres reçues en vertu de leur Neutralité à faire le commerce pour la France, mettoient les François en état de ne paroître en Mer qu'avec des Vaiſſeaux propres au combat. Dès-lors les Etats Neutres furent traités à peu près en ennemis. Leurs plaintes & leurs menaces fûrent reçûes avec une égale indiférence. Ce fut par pure complaiſance pour le Parti Anglois de Hollande, que le Miniſtére Britannique ne donna pas le deſaveu formel des tempéramens propoſés à la République: il auroit ſouhaité que les Etats Généraux euſſent eu moins de patience, & qu'en augmentant les périls de l'Angleterre, ils euſſent renforcé le reſſort moteur de la Nation Angloiſe. Mr. Pitt avoit donné d'abord à ce dernier tout ſon jeu, par une o-

péra-

pération qui l'avoit érigé en Tribun du Peuple. Il avoit annoncé qu'il libérreoit la Nation des ſubſides Etrangers (dont elle portoit impatiemment le fardeau) en abandonnant à eux - mêmes le Roi de Pruſſe & l'Electorat de Hannovre. Ayant ſatisfait à ce premier préjugé, il tira bientôt parti de l'autre. Depuis long-tems le Peuple Anglois ſe croit aſſez puiſſant pour n'avoir beſoin que de ſes propres forces contre ſes ennemis; & il penſe que l'Empire de la Mer lui peut tenir lieu de tout. L'habile Miniſtre lui donna l'Empire de la Mer pour ſon unique intérêt, & lui propoſa de diriger vers cet objet tous ſes efforts. On lui applaudit unanimement. Tous les ordres du Royaume ſe livrèrent à l'eſperance. L'acquiſition parut certaine; on conſidéra peu ce qu'elle devoit couter, parce qu'on ſe tint aſſuré de trouver à s'en dédommager abondamment, après l'acquiſition faite. Voilà comment un ſeul homme fit changer de face aux affaires Britanniques. La France n'avoit garde d'être préparée contre un ennemi qui bravant toute méthode, & rompant toute meſure, venoit à elle en déſeſperé. Quoique les Puiſſances intereſſées à la liberté de la Mer fûſſent auſſi étonnées que la France, elles ne voulûrent point riſquer de faire digue à un Torrent, dont l'impétuoſité ne pouvoit être de longue durée; elles remettent à ſe vanger de ſes ravages, quand le deſſéchement de ſa ſource ôtera la crainte de ſon retour.

LETTRE
D'UN
PATRIOTTE ANGLOIS
A MR. G. PITT.

MONSIEUR,

VOus reconnoiſſez dans votre Lettre extraordinaire à Mr. . . . dans la Cité, & inſerée dans les Papiers Publics, que vous vous êtes ſouſtrait aux Affaires du Conſeil, parce qu'il ne vous étoit plus permis de les diriger. Vous y aſſûrez en même tems que vous avez été recompenſé de vos ſervices, ſans avoir été corrompu.

Cette aſſertion eſt le principe ſur lequel vous appuïez votre défenſe; j'en ſuis entierement d'accord avec vous

Il eſt de l'honneur de S. M. de ne laiſſer, ſous aucun prétexte, des ſervices extraordinaires ſans recompenſe, & n'aiant aucun Projet contraire à la Conſtitution du Royaume, Elle ne ſauroit emploier la corruption.

Mais, Monſieur, dites-moi, au nom de Dieu, comment eſt-il poſſible à tout homme équitable, de ne pas s'appercevoir de l'aveu que vous faites? Si vous êtes toujours celui qui dirigez le Cabinet, vous êtes le ſeul qui le compoſez tout entier.

Si chaque Membre, dont le Sentiment auroit été contredit, ſe fut retiré du Conſeil, l'un n'étant pas plus privilegié que l'autre de prendre ce parti, il y a longtems qu'aucun n'y ſeroit reſté hormis vous.

Parmi d'autres extravagances, auxquelles votre pouvoir exceſſif a donné lieu, je vous ai vû qualifié dans les Papiers Publics du Titre de Dictateur, & ici vous déclarez qu'aucun rang au-deſſous de celui-là pouvoit vous ſatisfaire.

Mais vous devez ſavoir que dans la Conſtitution Britannique il ne ſe trouve point de proviſion pour un pareil Emploi, réel ou accidentel, formellement ou virtuellement établi: qu'au contraite on ne vit jamais qu'une fois exiſter un pareil Monſtre parmi nous, & qu'alors ſon pouvoir étoit fondé ſur les ruines de la Conſtitution de l'Etat.

Oui, Monſieur, lorſque nous avons un Dictateur, nous ceſſons d'avoir une Conſtitution. . . .; & tel étant le cas, qui héſitera de dire que celui, qui découvre une ambition d'être ce que l'on n'eut jamais la penſée que devint un Roi, mérite l'Oſtraciſme, fût-il auſſi équitable qu'Ariſtide, auſſi ſage que Thémiſtocle, auſſi brave qu'Epaminondas & auſſi éloquent que Démoſthene?

Vous fûtes d'abord, Monſieur, exciter le reſſentiment du Public, en lui ſuggérant fauſſement que l'on vous avoit congédié du Conſeil; & lorſque l'on ſut que ce qui s'étoit paſſé

paſſé étoit un effet de votre pure volonté, la foule de têtes à faux préjugés, comme ſi elle étoit déterminée à avoir tort en tout ſens, fut encore plus indignée de votre pretendue corruption, que de votre abandon actuel du ſervice public.

Quant à moi, j'ôſe dire que cette démarche, que vous avez faite par un mouvement de chaleur, étoit également inutile & inexcuſable.

Inutile, Parce que les humbles Sentimens du Lord Temple & les vôtres, qui ont été remis par ecrit au Conſeil, & qui, à ce que nous eſperons, feront produits pour faire voir ce dont vous êtes reſponſable; ces humbles ſentimens, dis-je, vous auroient rendu les mêmes bons offices, ſi vous aviez abandonné modeſtement, ou du moins ſuſpendu vos avis, au-lieu de réſigner vos Emplois....

Inexcuſable, puiſque connoiſſant vous-même votre toute-ſuffiſance, comme il n'eſt que trop apparent que vous en êtes convaincu, vous n'ignoriez pas auſſi quelle fermentation vous alliez cauſer dans les eſprits, & les pernicieux effets qui pouvoient en réſulter.

En un mot, qu'avons-vous beſoin, Monſieur, de nos ſoupçons, tellement fondés, qu'entre les motifs ſecrets qui vous ont porté à un ſi brusque procedé, l'un étoit un trait malin d'amour-propre, vû que dans votre palliatif même vous êtes ſi abſolument épris de votre capâcité, de votre droiture & de votre ſuffiſance, que vous laiſſez, ſans le moindre remords, couler la veine que vous avez ouverte, au riſque de ce qui peut en arriver.

J'ai l'honneur d'être, &c.

REMARQUES
SUR
LA CONDUITE
DE MR. G. PITT.

LOrſque Mr. Pitt. entra dans le Miniſtere, il trouva le tout diſpoſé à céder à ſon ambition. Le feu Roi, dont l'amour pour ſa Patrie peut être à juſte titre rangé parmi ſes vertus, doit certainement avoir été extrémement ſatisfait de la complaiſance d'un Miniſtre qui favoriſoit ſi à ſouhait ſa paſſion favorite, qui répandoit le ſang & les thréſors de la Grande Bretagne dans l'Electorat de Hanover; mais avec une telle profuſion, qu'aucun autre Miniſtre n'auroit ôſé, ou dû l'entreprendre qu'au prix de ſa tête.... Chaque Membre du Gouvernement concouroit à ſuivre ſes avis, j'ai honte de le dire, avec une ſoumiſſion implicite à ſes volontés. On équippa des Flottes, ou leva des Régimens,

mens, on projetta des expeditions, & la Thrésorerie fournit ses millions pour être employés conformément à ses ordres.

Il exerçoit ainsi une espéce de Despotisme, étranger à notre Constitution & destructive de toutes idées de liberté, jusqu'à ce que pour la premiere fois, & il doit l'avoûer lui même, il fut contredit sur une proposition trop précipitée, trop importante & trop injuste pour être approuvée, soit par condescendance du Roi, ou de ses Ministres. Il proposa de déclarer sur le champ la guerre à l'Espagne, dans un tems que cette Courronne nous donnoit toutes les assûrances possibles du sentiment où Elle étoit d'entretenir l'amitié & la bonne harmonie qui subsiste entre les deux Nations, & qu'il est de leur intérêt mutuel de maintenir.

On conçoit difficilement, qu'il pût ou esperer ou se flatter de réussir dans une proposition aussi extravagante. Quoi! déclarer la Guerre, & entamer des hostilités contre une Nation amie, sans ni demander satisfaction de prétendues insultes, ni une reparation de dommages, ou même sans une préallable explication de Griefs? Le Droit naturel, celui des Gens, les obligations des Traités, le sens commun de l'Equité & de la Raison condamnent également un procedé aussi violent & aussi injuste. . . .

Mais que lui avoient fait jusqu'à présent les Espagnols pour exciter son indignation, & pour justifier son resentiment? Il n'a produit aucun exemple particulier de leur partialité pour la France, ni de Nouvelles atteintes, qu'ils eussent portés au droit que nous avons de couper du bois de Campeche, & qui est contesté depuis si longtems, ni même de leur injustice à l'égard du Vaisseau l'Antigallican & de sa Prise, ni même de quelques autres indignités, qu'il a souffertes partiemment pendant tout le cours de son administration. Mais il semble que le période, auquel il devoit résigner ses Emplois, n'étoit pas encore éclos, ou il n'étoit point encore las de guider & de gouverner; mais lorsque il eut vû de plus près le Port, vers lequel le Navire cingloit à toutes & pleines voiles, & le poids dont il l'avoit chargé, lors, dis-je, qu'il apperçut les rocs, les bas-fonds, & les bancs de sable qui menaçoient son entrée dans le Port, lors enfin qu'il découvrit les côtes couvertes des débris de la réputation des Ministres précédens, qui avoient fait naufrage, il eut la prudence d'abandonner le Gouvernail, & de se retirer dans sa loge, comme simple Passager.

Mais encore une fois, que lui avoit alors fait l'Espagne? Elle avoit prié la France de lui prêter ses bons offices envers la Grande Bretagne, afin que le Ministre de la Cour de Versailles, en dressant les articles généraux de la Paix, fît en même tems attention à des sujets de plainte mutuelle entre nous & les Espagnols, lesquels pourroient peut-être aboutir dan la suite à une rupture entre les deux Couronnes, & troubler la tranquilité de l'Europe. Qu'y avoit-t-il là de si injurieux

ou

ou de ſi offenſant, qui pût juſtifier la déclaration de guerre de la Nation, ou particulierement la conduite du Miniſtre, qui avoit reſſenti avec un eſprit trop paſſionné, quelques indignités, quelque injuſtice de la part des Eſpagnols?

Peut-être que Mr. de Buſſi avoit outrepaſſé ſa Commiſſion, s'en acquittant avec trop peu de ménagement; ou ſi cette Lettre pouvoit avec raiſon nous cauſer de l'ombrage, pourquoi n'en avoir pas demandé l'explication, ou éxigé de Copie, on ne nous l'auroit pas refuſé „ Non, mais certainement les Eſpagnols „ nous d'éclareront la Guerre. Prevenons „ les": Lorſqu'on objecta fortement qu'ils y penſeroient deux fois avant de declarer la Guerre à ce Royaume: „ Je ne veux pas leur „ donner le tems de penſer, repondit vive„ ment notre Miniſtre. C'eſt aujourd'hui le „ vrai tems; écraſons toute la Maiſon de „ Bourbon. Mais ſi les Membres de ce Con„ ſeil ſont d'un autre avis, ce jour eſt le „ dernier que j'aurai part à ſes déliberations. „ Je fus appellé au Miniſtere par les ſuffra„ ges du Peuple; c'eſt à lui, que je me tiens „ comptable de ma conduite. Je dois des „ remercimens aux Miniſtres du feu Roi pour „ leur aſſiſtence. J'ai ſervi ma Patrie avec ſuc„ cès; je ne pretends pas plus être reſpon„ ſable des operations de la Guerre, qu'au„ tant que j'en ai eu la direction." Cette derniere declaration n'étoit rien moins qu'équivoque; c'étoit demander franc & ouvertement une autorité ſans bornes & une obeiſſance ſans réſerve.

L'illuſtre Lord qui preſidoit à ce Conſeil, homme à qui l'âge a ajouté la Sageſſe que donne l'experience, ſans avoir rien ôté de ſa vigueur & du feu de la jeuneſſe ; homme dont les talens naturels & acquis ſont ſans contredit auſſi diſtingués que ceux dont le Perſonnage en queſtion pourroit ſe glorifier, lui qui étoit le plus temeraire qui ait jamais dirigé les affaires de cette Nation, lui fit cette reponſe de ſens froid. „ Je vois que Monſieur eſt réſolu de nous quitter. Je ne ſaurois dire „ non plus que je ſuis faché de ſa retraite, „ parce qu'autrement il nous auroit ſans doute obligés de le quiter nous mêmes. Mais „ ſi Monſieur eſt dans l'intention de s'arroger le droit de conſeiller S M. & de diriger les opérations de la Guerre, à quel „ propos ſommes nous convoqués à ce Conſeil? Lorſqu'il ſe dit reſponſable au Peuple, il ne tient pas le langage de la Chambre des Communes; & oublie qu'etant „ préſent à ce Conſeil, il eſt uniquement reſponſable au Roi. Cependant, quoiqu'il „ ſoit peut-être lui même convaincu de ſon „ incapacité, il veut que nous en ſoyons „ egalement convaincus, avant que nous „ puiſſions ſoumettre nos lumieres à ſa direction, ou tomber d'accord ſur les meſures qu'il propoſe ".

Il ſupporta l'aigreur de cette & réponſe, ſans

ſans aucune replique; mais il étoit allé trop avant, quoique peut-être non ſans regret, pour pouvoir s'en dedire. Auſſi réſigna-t-il les ſceaux, qui furent repris avec plaiſir & fermeté, à quoi il ne s'étoit vraiſemblablement point attendu. Sa M. exprima avec ſa bonté ordinaire le chagrin qu'Elle avoit de la perte d'un auſſi habile Miniſtre, & pour temoigner combien elle étoit ſatisfaite de ſes ſervices, Elle daigna genereuſement lui offrir quelques recompenſes, ſuivant le pouvoir de la Couronne. Enſuite elle ajouta, que quant aux meſures propoſées, il ſe ſeroit certainement trouvé fort embarraſſé de ſavoir comment il auroit agi, quand même tout le Conſeil ſe ſeroit réuni en faveur de ſon opinion Ce ſentiment fait au Roi un honneur infini, en ce qu'il maintient non ſeulement une prérogative de la Royauté que ce Prince doit à jamais conſerver pour le bien de ſon Peuple, mais enfin en ce qu'il ſoutient les plus nobles prérogatives de ſa raiſon, de ſon entendement & de ſa conſcience: Mais il eſt bien apparent que ces prérogatives ne furent jamais un objet de l'attention de Mr. Pitt. Cependant cette faveur, qu'il reçut, le toucha ſenſiblement: *J'avoue*, Sire, „ dit-il, que je n'avois que trop de raiſons de „ croire que je deplaiſois à V. M. Je ne m'é„ tois point preparé à recevoir une marque de „ bonté ſi ſinguliere. Pardon, Sire, elle eſt „ au deſſus de moi, elle me ſerre le cœur". Il fondit en larmes.

Le Lendemain il établit avec le Lord B***, sa Pension & le Titre de Madame son Epouse, l'un & l'autre apparemment de son propre choix. D'abord ses amis s'inscrivirent en faux contre la Pension, que l'on disoit qu'il avoit acceptée, ils traiterent ce bruit de bas & honteux Artifice pour noircir sa reputation, & parlerent avec horreur de cette Pension, comme n'étant pas convenable qu'il la reçut d'un maitre qu'il n'avoit pas jugé à propos de servir plus longtems. „; Quel ti-„ tre, s'écrioient ils, peut approcher de ce-„ lui d'être nommé le Ministre zêlé de sa „ Patrie, le Ministre du Peuple? Quel hon-„ neur peut réjaillir sur sa postérité égal à „ la verité de l'Histoire, *qu'il a sauvé sa Pa-„ trie de ruine & de reproche, en l'élevant au „ faite de la gloire & la prospérité*"?

DIS-

DISCOURS
SUR LES
MOYENS & la NECESSITÉ
DE CONTINUER
LA GUERRE. *

QUelque contraire à l'opinion commune que paroiſſe la propoſition, que la Nation eſt aujourd'hui plus en état de continuer la Guerre, que lors de ſon Commencement, j'éſpére néanmoins qu'elle paroîtra ſuſceptible de quelque vérité, ſi l'on fait attention, que la force de la Nation conſiſte plus dans la valeur & *La bravoure de ſes Soldats* que dans le nombre de ſes habitans, plus dans *la Grandeur de ſon Credit* que dans ſes richeſſes actuelles, plus dans ſa *reputation*

* Ce diſcours eſt encore un fruit du Syſtême de Mr. Pitt, qui durant la Negociation de la Paix avec la France ne penſoit qu'aux moyens de perſuader la Nation pour la continuation de ſes depenſes ruineuſes, & de l'entrainer même dans une nouvelle Guerre, en attaquant les Vaiſſeaux Eſpagnols avec la même bonnefoi qu'on a attaqué les François en 1755.

tion d'exploits Militaires, que dans l'étendue de sa puissance. Si l'on admet cette supposition, ne s'ensuit-il pas, que la force de la Nation est maintenant plus considerable qu'elle n'étoit au Commencement de la Guerre? ces trois moyens de force ne s'étoient point encore déployés, comme elles ont fait depuis ce tems-là.

Mais aujourd'hui que nos Armes ont été mises à l'Epreuve de tous côtés, & qu'elles se sont montrées si victorieuses, qu'hormis une seule occasion, à peine l'Ennemi a pû faire face à nos Troupes, soit sur terre, ou sur mer, quoique même superieur en nombre, ne doit-on point convenir qu'en cette partie de notre force, qui consiste dans *la bravoure de nos Soldats*, la Nation est dans le periode d'épreuve superieur à ce qu'elle étoit au commencement de la Guerre?

Quant à notre *Credit* ou à notre opulence, qui constitue la seconde partie de notre force, j'estime qu'à la honte de nos Ennemis & contre leur unique esperance, ce Credit paroîtra à present plus étendu qu'il ne l'a jamais été, malgré l'accroissement considerable de la Dette nationale, ou le prix actuel des Actions.

On peut se rappeller, qu'avant la Guerre on répréfenta generalement, & peut-être à dessein, que le Credit public étoit à son plus haut dégré; qu'on ne pouvoit supposer de Taxes ultérieures: qu'ainsi il falloit digerer toute violence ou injustice, plûtôt que de courir courrir les risques d'une autre Guerre. Il n'est plus douteux, que ces fausses, mais flatteuses representations, dont les Agents François sont si empressés à se prévaloir, ne fussent les fondemens sur lequel la France appuyoit ses procedés, qui lui ont été si funestes jusqu'à ce jour. Cependant nous avons vû, que malgré l'augmentation considérable de notre Dette nationale, le payement des intérêts, au moyen d'une prudente reduction faite ci-devant, n'excéde pas aujourd'hui de beaucoup ce que l'on payoit à cet égard avant la Guerre.

Ainsi, si l'on ajoute à cette Consideration, le grand accroissement de Commerce depuis ce tems-là, la vaste étendue du Credit public, que nous avons incontestablement acquis par nos succés, & qui par diverses circonstances étoit au moins précaire, dans le commencement; si, dis-je, nous considerons tout cela, ne s'ensuivra-t'il pas, que dans ce second article de notre force, nous sommes plus puissants que jamais, non seulement parceque notre Credit & sa sûreté sont mieux établis par nos succès; mais aussi, de ce que les sommes que nous payons pour les intérêts, ne sont pas plus considerables par cette reduction, tandis que nos facultés & l'idée de notre seureté sont augmentées par l'accroissement de notre Commerce.

Il est sorti du Royaume, il est vrai, de grosses sommes, pour soutenir nos braves Alliés dans le Continent; mais plusieurs, qui peut-

peut-être ſont mieux inſtruits des faits, eu égard à ce que nous ſommes une Nation commerçante, ſont d'avis qu'il importe à notre Gloire & à notre honneur, & qu'il eſt de notre intérêt eſſentiel, qu'un Ennemi invéteré ne nous approche de trop près, & qui s'il étoit victorieux, pourroit alors aiſément augmenter ſa puiſſance, juſqu'au point, de nous faire appréhender chez nous le Danger, du moins de cauſer une interruption dans le Commerce, ſuppoſé qu'il ne fit rien de plus. Outre cela c'eſt un moyen d'épuiſer les treſors de l'Ennemi, de diminuer le nombre de ſes ſujets, de deshonorer ſes Armes, & de les rendre par-là moins capables de ſuccès ſur terre, & d'exécuter d'autres projets: ce qui doit nous porter à nous en tenir à ce moyen auſſi longtems qu'il eſt poſſible. Tous ceux, donc, qui font cas de la proſpérité dont nous jouiſſons ici preſentement, exempts des calamités que ſouffrent les pays où le theâtre de la Guerre ſe trouve établi, conſentiront de bon cœur, ſans doute, à porter encore le fardeau des depenſes pour la Guerre dans le Continent, comme néceſſaires pour detourner de nous ces calamités, & reduire nos Ennemis à accepter nos conditions de Paix. Aureſte, les tréſors ainſi tranſportés hors du Royaume, doivent, ſuivant toute apparence, y rentrer en abondance au retour de la Paix, ſi-non ils feront employés à achetter la tranquillité future, la ſûreté, la Gloire, & la proſpérité, fondemens des plus grandes Richeſſes.

Quant

Quant à la derniére branche de notre force, laiſſons à part la priſe & la ruine des trois quarss de la Marine de la France, le reſte hors d'état de ſervir, la perte totale ou l'interruption de ſon Commerce & Credit, la la priſe ou la ruine de la plûpart de ſes Iſles, Ports & Colonies, dans toutes les Parties du Monde (circonſtances humiliantes qu'elle n'a point éprouvé ſi ſenſiblement dans aucune des Guerres precedentes), en un mot laiſſons à part les progrès extraordinaires que nous avons fait d'une maniere ſi etonnante par tout le Globe à leur honte & à leur desavantage, laiſſons les, disje, à part; & ſi ce ne ſont pas des marques de la bravoure ſuperieure de nos Troupes, au moins ils manifeſtent les faveurs particulieres du Ciel, ou, ſi ils l'aiment mieux des coups de la fortune. Voila la reputation que nous nous ſommes acquiſe par nos armes, & celle dont nous ne pouvions nous glorifier au commencement de la Guerre.

A ces différents parties de notre force actuelle, outre celle au commencement de la Guerre, ajoutons ce qu'on n'avoit encore jamais vû ici avant cette Epoque; j'entends, cette parfaite & entiere unanimité de ſentimens, qu'on ne ſauroit aſſer louer & admirer, unanimité ſous les glorieux auſpices d'un jeune Roi, également excellent & vertueux, les delices & la Gloire de ſes ſujets; article de force, qui ſeul doit ſervir à affermir les trois autres: article qui, joint au reſte, nous rend aujourd'hui plus puiſſans que nous

nous n'étions avant la Guerre, & parconſequent plus capables de la continuer, s'il eſt neceſſaire; cet article enfin, doit nous inſpirer de la reſolution & de la fermeté, à la pouſſer, en cas que l'Ennemi refuſe de donner les mains à une paix aux conditions raiſonnables & équitables qui lui ſont propoſées.

Sic. Mundus. . . .

EXTRAIT
DE
TROIS LETTRES
D'UN
NEGOCIANT ANGLOIS
À SON
CORRESPONDANT à LISBONNE,

Sur la Rupture de la Negociation de Paix, & ſur la Conduite & la Rupture avec L'ESPAGNE.

LETTRE I.

Londres le 29. *Sept.* 1761.

MONSIEUR,

TOutes nos eſperances ſont évanouïes, & le retour prochain de Mr. *Stanley*, qui a dû partir de *Verſailles* Vendredi *dix-huit de ce mois*, nous annonce la continuation d'une Guerre qui fera à la fin tomber notre Commerce, malgré tous nos ſuccés, toujours enflés dans nos papiers publics. Je ne ſais quel-

quelle peut être la Politique de Monſieur *Pitt* en refuſant les conditions avantageuſes que la France nous a propoſé, mais je n'ignore pas, que l'épuiſement de nos Fonds, l'eſpoir de rentrer dans l'Iſle de *Minorque*, de reſter en poſſeſſion du *Canada*, & de nous dégager enfin d'un Allié onereux, auroit dû amener notre Miniſtére à une paix utile à la Nation, & glorieuſe pour Sa Majeſté.

La Guerre a ſes momens orageux; les proſpérités n'ont qu'un tems; & il peut fort bien arriver, que dans un an ou deux nous ſoyons contraints de demander nous-mêmes la paix que nous rejettons aujourd'hui avec hauteur, & que nous faſſions alors des propoſitions auſſi avantageuſes à la *France* que celles que nous venons de refuſer. Qui ſait même, Monſieur, qui ſait ſi l'*Eſpagne*, qui nous demande une Juſtice qu'on lui denie depuis longtems, ne pourroit pas profiter de la Continuation de la Guerre pour ſe vanger: Je ne ſuis qu'un Negociant, mais mon Interêt m'éclaire ſur les dangers que la *Grande Bretagne* peut courrir, & je crains que les ſuccès qui nous enorguëilliſſent, ne finiſſent par nous appauvrir. Ce n'eſt pas la premiére fois, qu'au comble des ſuccès, nous avons éprouvé la misère: Le Duc de Malboroug vainqueur des *François*, rüina *l'Angleterre* par ſon obſtination à continuer une Guerre, dont la gloire de l'Etat n'étoit que le prétexte, & le deſir de perpétuer ſon autorité, la véritable cauſe.

A

A Dieu ne plaiſe que j'impute des vûes auſſi peû citoiennes à notre Secretaire d'Etat; mais enfin, je crois qu'il aura à ſe reprocher d'avoir rejetté les propoſitions de la *France*, & de n'avoir pas ſatisfait l'*Eſpagne*, dont l'Interêt de notre Commerce exige que nous conſervions l'amitié. A l'égard de la *France*, il arrivera, Monſieur, que ſi nous continuons à lui faire la Guerre heureuſement, nous ſerons, à force d'être épuiſés, obligés de faire la Paix avec elle aux conditions que nous refuſons; & que ſi la chance tourne, nous ſerons contraints de traiter moins avantageuſement.

Les talens de Mr. *Pitt* ſont vaſtes, je le veux, mais depuis longtems les vrais patriotes, les hommes ſincérement *Bretons*, les voient obſcurcis par une animoſité qui finira par augmenter le nombre de nos ennemis, & par mettre le comble au diſcrédit de nos papiers publics, qui baiſſent de jour en jour.

L'Emprunt de huit millions ſterling que le Miniſtère Britannique avoit traité comme une affaire de commerce, & qu'il crut, ou feignit de croire terminé avec demi douzaine de Négocians de Londres, a été traverſé par la découverte de la Charlatanerie du Miniſtère. Les Négocians qui ſembloient avoir pris la dette pour leur compte, & ne chercher que des croupiers, ont refuſé juſqu'à leur nom, quand ils ont vu, qu'au-lieu du concours auquel ils s'attendoient, il ne leur venoit que de ſteriles éloges, ſur le ſervice

 qu'ils

qu'ils rendoient à l'Etat : ils se sont affichés pour simples Courtiers du Gouvernement ; & bientôt ils ont rendu la commission.

Comme il est notoire que la masse qui est maintenant dans la circulation, ne surpasse pas quinze millions, chacun a senti que l'emprunt venant à être pris sur ce qu'il produiroit à l'Echiquier, ces nouveaux Créanciers deviendroient incessamment les plus onéreux, & les moins dignes de faveur. On n'a pas même osé y risquer le Papier, parce que toute suspecte qu'est sa première nature, elle l'est encore moins que la nouvelle qu'il auroit prise. Le Ministère qui avoit compté sur cet emprunt, ne pouvoit plus s'en passer ; & la somme étant trop forte pour être procurée par d'autres opérations d'un plus grand détail, il a fallu essayer d'éblouïr par l'apât du gain. * D'abord, on n'a demandé qu'une

* L'Imposition nouvelle, qui surpasse considérablement toutes les précedentes, a effrayé tout le monde. Les Hollandois seuls, que le gros intérêt de 5 pour cent aveugle, tiennent bon. Ils vendent & leurs maisons & leurs Obligations, pour envoyer en Angleterre l'*argent comptant*, sans penser au bien public, étayé par les Loix de la Nature & des Gens, qui defendent pareilles exportations, parcequ'elles ruinent à la longue les Etats qui les souffrent, & les rendent esclaves des Volontés impérieuses de leurs voisins ambitieux, qui ne visent qu'à les engloutir, quand le manque d'alliés, uni à celui du *Comptant*, les laissera hors d'état de s'opposer à leurs Violences.

qu'une partie comptant aux Prêteurs, & on leur a accordé jouissance de l'intérêt du tout. Ensuite, l'annuité a été offerte double, & presque triple, à ceux qui payeroient les Actions en espéces. Enfin chaque Action de 100 livres donnant à son acheteur un billet gratis d'une Loterie, dont un billet est estimé de 3 livres, le Gouvernement se trouve payer 7 pour cent du Papier qu'on lui prête, & qui lui coutera peut-être jusqu'à 14 pour être réalisé. De ce premier embarras, il faut absolument qu'il tombe dans un autre encore plus fâcheux: plus il aura reçu d'argent comptant de ces nouveaux créanciers, plus il recevra du Papier dans la levée des impositions; & l'exportation des deniers, qu'il ne sçauroit éviter (pas même pour l'Amérique, où les Colons refusent d'échanger leurs denrées pour les Troupes, contre le Papier le plus autorisé) rendant l'espéce plus rare dans les trois Royaumes, quel monstrueux Change ne sera-t'il pas obligé de payer aux Hollandois & aux Hambourgeois, pour les Remises qu'il doit faire en nature à ses Alliés en Allemagne?

Entre l'Angleterre & la France, la diference est précisément la même qu'entre deux Seigneurs; dont l'un a déja ses terres en décret, & l'autre craint d'exposer les siennes à y être mises. Le premier cherche ressource, & la veut trouver à quelque prix que ce soit. Le second est plus circonspect, à mesure que sa nécessité devient plus pressante. Il se roi-

 dit

dit contre le préſent, pour ſe dérober à un avenir fâcheux ; tandis que l'autre, dont le ſort futur eſt déjà décidé, ſacrifie tout pour ſe tirer d'un embarras préſent.

J'ay l'honneur d'être &c.

LETTRE II.

Londres le 4 *Janvier* 1762.

MONSIEUR,

CEque j'ai prédit dans ma derniere Lettre, vient d'arriver; mais il me paroît que Mr. *Pitt*, qui s'eſt retiré du Miniſtère depuis que j'ai eû l'honneur de vous écrire, s'eſt contenté d'exciter l'orage en laiſſant au Comte d'*Egremont* le ſoin de l'écarter. Notre Cour fut informée dans les premiers Jours du Mois d'Octobre, que les Cours de *Verſailles* & de *Madrit*, on plutôt que les deux branches de la Maiſon de *Bourbon*, venoient de ſe réunir plus intimement par un Traité. L'inquiétude a ſaiſi notre Miniſtère, quoique ce Pacte de Famille, fait en Août dernier, & les efforts étonnans de la France pour obtenir la paix, malgré la Concluſion de ce Traité, dûrent prouver qu'il n'étoit que *deffenſif*. Mais comme on avoit reſolu de faire la Guerre à l'Eſpagne, les ordres les plus précis & les moins menagés ont été envoiés

envoiés à Notre Ambaſſadeur à *Madrit*, de demander une promte communication du Traité, & d'annoncer, en cas qu'on la lui refuſât, *qu'il alloit ſe retirer & que Notre Cour prenoit ce refus pour une declaration de Guerre*. Convenez que cette conduite ne porte point avec elle l'empreinte de cette circonſpection, que la politique vouloit que nous euſſions avec une Puiſſance que nous devions ménager. Le Roi *Catolique* revolté des hauteurs de Notre Miniſtère, qu'il ne confond point avec le Caractére de Notre Jeune Roi, a repondû au comte de BRISTOL, *qu'il pouvoit partir quand il le voudroit, & que le ton impérieux du Miniſtère Britannique annonçoit d'avance ſes deſſeins*.

La méſintelligence a été ſuivie d'une *Declaration de Guerre*, qui vient de ſe publier ſolemnellement dans tous les quartiers de cette ville; cette demarche qu'on attribuë à Mr. *Pitt*, va faire changer la face de nos affaires, & mettre le comble à l'épuiſement de la Nation.

Nos Politiques ſe flattent que la *Hollande*, avec laquelle nous avons le Traité que vous connoiſſez, ſera de notre partie; mais vaine imagination? Pouvons-nous eſperer, Monſieur, que cette ſage République, qui a conſervé juſques-ici la *Neutralité* au milieu des troubles qui affligent l'*Europe*, ira ſe mêler dans une Guerre, qui ne peut lui devenir perſonelle, que dans le cas où le deſir de voir redreſſer les grands torts que nous lui avons

 faits

faits en tout & partout, contre les Traités, l'engageroient avec raiſon à ſe declarer contre nous. Comment aura t'on le front de la ſommer d'obſerver le Traité en queſtion: ceux des *Anglois* qui ne s'aveuglent point ſur les vaſtes prétentions de notre Miniſtère, prévoient bien que la *Hollande* repondra aux Inſinuations que nous ne manquerons pas de lui faire faire par Notre Ambaſſadeur à LA HAYE, *qu'elle n'eſt point dans le cas du Traité, & que les ſix milles hommes & les Vaiſſeaux qu'elle doit fournir par cette convention, ne doivent être donnés que dans le cas où nos côtes ſeroient menacées d'une deſcente par quelque Puiſſance aggreſſerice.* Mais qui a commencé les Hoſtilités? c'eſt l'*Angleterre*, & par ce procedé elle s'eſt privée d'un Allié qu'elle reclameroit vainement. D'ailleurs, comme j'ai déja dit, nous n'avons pas eû pour cette Republique tous les égards que nous lui devions; & je ne doute pas, avec tout ce qu'il y a de gens ſenſés, que ſi nous voulions la contraindre à ſortir de ſa modération & à prendre un parti, nous ſerions bientôt les victimes de nos Violences, par la Reſolution que nous l'obligerions par-là de prendre, de rendre ſa Marine capable de la protéger.

Le Miniſtère, qui veut flater le gros de la Nation, lui fait entendre, que ſi les *Hollandois* profitent de la maladreſſe que nous avous eû d'attaquer les premiers la Cour de *Madrit*, & refuſent de ſe prêter à nos vuës, nous aurons le *Dannemarck*. Croiez-vous

Mon-

Monſieur, que l'Interêt de la Cour de *Coppenhague* ſoit, d'entrer dans une Guerre qui ne peut lui procurer aucun avantage réel; d'ailleurs, la bonne Intelligence qui regne entre *Sa Majeſté Danoiſe* & les *Rois de France & d'Eſpagne*, eſt un garant du peu de fondement que nous devons faire ſur l'alliance que l'entouſiaſme du Miniſtère nous promet, & ſi même il pouvoit aſſez aveugler ce Monarque ſur l'intérêt qu'il a de ne pas ſe laiſſer entraîner dans cette Guerre ruineuſe, cela ne nous produira pas de grands ſecours, vû la diverſion que la Cour de Ruſſie ne manquera pas de lui faire en ce cas chez lui.

Comme nous cherchons des ſecours etrangers par-tout, on fit partir hier Mr. *Georges Pitt* pour la Cour de *Turin*, où il va remplir la place d'Ambaſſadeur. Mais il eſt à craindre, que les demarches qu'il eſt chargé de faire pour engager le ſage Monarque à s'unir avec la *Grande-Bretagne*, ſeront ſans ſuccés; & les perſonnes qui prétendent être inſtruites, croient même, que les Cours de *Verſailles* & de *Madrit* ſont ſeures de celle de *Turin*.

C'étoit avant de declarer la Guerre à l'*Eſpagne* qu'il faloit s'aſſurer des Alliés, & non pas en chercher, après un coup de Violence comme celui qu'on vient de faire: Cette inconſidération de Notre Miniſtère allarme tous les bons citoiens.

J'ai l'honneur d'être &c.

LETTRE III.

Londres le 12 Janvier 1762.

MONSIEUR,

JE reçûs hier, au ſoir, votre Lettre du 27. *Decembre*, & je m'empreſſe d'y repondre, avec d'autant plus de plaiſir, que je penſe comme vous ſur le parti que vous croiez que la Cour de *Lisbonne* doit prendre dans les circonſtances actuelles.

On ignore encore, dites-vous, ſi votre Cour reſtera attachée à l'Angleterre ou ſi elle s'unira à l'*Eſpagne*, mais vous penſez que le dernier parti eſt le ſeul qui puiſſe ſauver le *Portugal*. Quoique ce ſentiment rüine ma fortune, je l'embraſſe pour l'honneur de la vérité, & je ne doute pas que Sa Majeſté Portuguaiſe, dans le choix qu'elle a de deux Alliés, ne prenne celui qui par d'anciennes prétentions & la poſition de ſes Etats, deviendroit un Ennemi dangereux, ſi on n'en vouloit pas pour Ami.

Le *Portugal* expoſé à chaque inſtant aux incurſions des *Eſpagnols*, aimera mieux les avoir pour Alliés que les *Anglois*, trop eloignés pour les ſecourir à propos, & toutes les fois qu'un danger imminent l'exigera.

Qui ſait même, ſi les vües de Notre Miniſtère étoient remplies, en déterminant la Cour

Cour de *Lisbonne* à ſe declarer contre l'*Eſpagne*; Qui ſait ſi *Madrit*, profitant de ſa ſuperiorité, ne reclameroit point la Couronne du *Portugal*, dont elle a joüi autrefois ; ces conſiderations & le foible état de vos forces, me font craindre que la Balance panchera pour l'*Eſpagne*. Si cet Evenement a lieu, quel echéc ne ſouffrira pas notre Commerce? Vous ſavez, Monſieur, que les *Anglois* font ſeuls celui de tout le *Portugal*; J'avoue que votre Nation devenüe plus laborieuſe, nous auroit depuis longtems privé de cette reſſource immenſe, ſi elle avoit connû ſes vrais interêts, mais la neceſſité des circonſtances va probablement nous arracher pour toujours le *Portugal*, qui eſt ſans contredit la branche la plus féconde de notre Commerce. Puiſſai-je me tromper? mais tout contribüe à me faire croire que le *Portugal*, plus touché de ſes vrais interêts que de ceux de l'*Angleterre*, ſe réunira à l'Eſpagne, qui ne peut plus vous accorder une Neutralité, dont notre Miniſtère peut abuſer. Comme je crains cet Evenement, je vous prie juſqu'à nouvel ordre, de ne point compter ſur moi pour les vins d'*Oporto* de la recolte prochaine.

J'ai l'honneur d'être &c.

NOTE D'UN PATRIOTE.

La ſaine partie de notre Miniſtère, éclairé par une facheuſe expérience, regrette ſans doute

doute de s'être abandonné à des Conducteurs dont la tête & le cœur s'échauffoient également, & qui ne voyoient rien qu'à travers leurs préjugés ou leurs paſſions. Obligé de capituler ſur ſes torts, combien ne doit-il pas être effrayé de leur multitude? Que ne donneroit-il pas pour avoir moins écouté ceux qui lui en ont fait groſſir la liſte? Pendant plus de trois ans, le Miniſtére Britannique, qui ſçait ſi bien réprimer la licence de la Preſſe, & punir les Ecrivains, quand ils lui manquent d'égards, a ſouffert avec complaiſance que des Boute-feux mercenaires ſoufflaſſent, réguliérement trois fois par ſemaine, dans les eſprits de la Nation, l'animoſité la plus cruelle & la plus déraiſonnable: n'a pas été bon Anglois qui n'a pas inſulté les Souverains & les Peuples; c'eut été manquer de courage, que ne pas mépriſer hautement les autres Puiſſances Maritimes, & d'admettre quelque compoſition ſur la prétention de l'Empire de la Mer & du Commerce. Cette odieuſe fermentation tombe enfin aujourd'hui. La Cour & la Ville, les Miniſtres & le Peuple, commencent à reconnoître qu'il n'y a rien de grand, rien de fort, que par comparaiſon; & que la puiſſance n'a de réalité, que relativement à ſa durée. Le peuple Anglois a été ébloui de cet appareil formidable de Marine, ſupérieur effectivement à ce que toutes les autres Puiſſances Maritimes liguées enſemble auroient pu produire. Quelques Etats mêmes, particuliére-

ment

ment intéressés aux mouvemens & à l'existence du Colosse, ont paru justifier par leurs craintes, l'audace qu'il inspiroit à la Nation. On ne vouloit pas soupçonner à Londres, que ces Etats se tussent par prudence, & uniquement parce qu'ils prévoyoient que le Colosse devant nécessairement tomber de lui-même, ils risqueroient beaucoup moins en attendant sa chute en silence, qu'en le choquant pour le précipiter, tandis qu'il seroit encore dans sa vigueur.

Le tems est enfin venu, où la raison prend le dessus. L'incertitude sur les intentions de l'Espagne a disparu, & fait examiner les espérances que la présomption & l'erreur faisoient concevoir. En se disant, qu'avec un pareil Allié, la France ne manqueroit pas de relever sa Marine, on a examiné si cette Marine de France étoit en effet aussi près de sa ruine qu'on la croyoit; & on a été tout étonné de trouver que sa langueur, qu'elle pouroit soutenir pendant plusieurs années, suffisoit seule pour consumer tous les alimens de cette puissante Marine Britannique entretenue pour l'empêcher de se rétablir. Il ne falloit qu'être un moment sans prévention, pour venir à cette découverte. Les principes sont à peu près les mêmes dans le Corps Phisique & dans le Corps Politique. Les coups portés à la Marine de France n'ont point attaqué les parties nobles. Sa foiblesse actuelle vient d'un mauvais régime, au millieu duquel on l'a surprise, ou dont le Gouvernement n'avoit pas encore eu le temps de corriger les effets.

Sa

Sa langueur n'eſt produite que par une perte de ſubſtance, qu'elle peut retrouver dans le Royaume: Enfin, c'eſt par négligence qu'elle eſt venue à une eſpéce de décadence: elle peut être relevée avec la plus grande rapidité; Ce ſont, pour ainſi dire, des eſprits engourdis, que l'art peut reveiller par une infinité de moyens, également prompts & faciles. La Marine Britannique au contraire ſeroit comparée fort juſte à un Frénétique, d'autant plus foible quand il eſt rendu à ſon état naturel, que les efforts qu'il a faits dans ſa convulſion ont plus excédé l'action réglée de ſes forces.

Il eſt démontré que la liberté du Commerce & de la Navigation périt, ſi l'Angleterre parvient à jouir en paix des poſſeſſions capables de fournir à l'entretien perpétuel d'une Marine ſupérieure à celle des autres Puiſſances: De là reſulte une neceſſité indiſpenſable, pour tous les Etats qui prétendent part au Commerce & à la Navigation, de lui diſputer ces poſſeſſions. Il eſt pareillement démontré qu'il n'y a que la paix qui puiſſe rendre ces poſſeſſions de quelque raport pour l'Angleterre; & que tant qu'elle les tient par la force des armes, elle demeure chargée pour ne les pas perdre, des mêmes dépenſes qu'elle a faites pour les conquérir. La conſéquénce ſe préſente à tout homme médiocrement judicieux. Il aperçoit l'Angleterre qui s'épuiſe, pour ne pas ſe laiſſer arracher ce que bientôt elle ſera obligée d'abandonner.

EX-

EXTRAIT DE LA LETTRE D'UN NEGOCIANT D'AMSTERDAM,

Du 12. *Janvier* 1762.

VOtre Miniſtère a démaſqué enfin le Syſtême qu'il s'eſt fait, de rendre l'Angleterre ſeule maitreſſe abſolue de la mer, par conſequent du Commerce & enfin de la Monarchie univerſelle. Il faut être plein d'une grande prévention de l'aſcendant qu'on s'eſt fait ſur notre Republique, en ôſant ſe flatter de l'engager à prêter ſon ſecours, pour vous mettre en état d'executer un Deſſein ſi temeraire, qui nous rendroit ſimple Province, eſclave de la Grande Bretagne? Notre Gouvernement n'a pas envain la Reputation de Sageſſe ; il a ſçu conſerver juſqu'à preſent la Neutralité, & ſait trop bien qu'il lui convient d'y demeurer, juſqu'à ce qu'il voye que l'Eſpagne réunie à la France ne ſuffiſe pas pour domter l'orgueil de votre Miniſtère, & retablir la Balance de Pouvoir ſur mer, où elle eſt du moins auſſi eſſentielle que ſur Terre ; & que ſi ces deux Puiſſances ne réuſſiſſent pas à obtenir cet but ſi néceſſaire, il convient que d'autres Puiſſances

ces ſe joignent à eux. Vous avez donc bien raiſon de craindre, que la Rupture qui vient de ſe faire avec l'Eſpagne ne mêne qu'à ſuſciter toute l'Europe contre l'angleterre, & que les ſuccès qui l'ont enorgueilli, produiront ſa perte: c'eſt en effet ce que tous les gens ſenſés penſent unanimement.

Je ſuis &c.

P. S. Je ſai que nous ténons à l'Angleterre par certains interêts; mais l'Evénement a éclairé les Sages de la Nation ſur ce ſujet, & ils ſavent que quant à nos Griefs accumulés, nous n'en obtiendrons pas ſatisfaction de bon gré: il faudroit pouſſer l'aveuglement au comble pour l'eſperer après toutes les preuves que l'on a du contraire.

De l'Imprimerie de *Samuel Ellis*,
dans le *Paternoſter Row*, à Londres.

www.ingramcontent.com/pod-product-compliance
Lightning Source LLC
LaVergne TN
LVHW010001230826
846092LV00002B/584

* 9 7 8 2 3 2 9 6 8 4 3 3 8 *